GRÁ FIAR | CROOKED LOVE

Louis de Paor was born in Cork in 1961 and and was a key figure in the Irish language literary renaissance of the 1980s and 90s, editing the influential Irish-language journal *Innti* for a time. He lived in Australia from 1987 to 1996, combining teaching and radio work with writing and homemaking. He now lives in Uachtar Ard, Co. Galway.

As well as individual collections in Irish, he has published several dual-language selections of his poetry, including *Ag greadadh bas sa reilig / Clapping in the cemetery* (Cló Iar-Chonnacht, 2005), *agus rud eile de / and another thing* (Cló Iar-Chonnacht, 2010), *The Brindled Cat and the Nightingale's Tongue* (Bloodaxe Books / Cló Iar-Chonnacht, 2014), and *Crooked Love / Grá fiar* (Bloodaxe Books / Cló Iar-Chonnacht, 2022). His dual language anthology *Leabhar na hAthghabhála / Poems of Repossession* was published by Bloodaxe Books with Cló Iar-Chonnacht in 2016, continuing the line of Irish-language poetry where Seán Ó Tuama's and Thomas Kinsella's earlier anthology *An Duanaire, 1600-1900: Poems of the Dispossessed* (1981) left off.

Kevin Anderson is a Brussels-educated Dublin horn player whose films (with director Murray Grigor) include *Sean Connery's Edinburgh*, *The Demarco Dimension*, *Nineveh on the Clyde*, and *Is Mise an Teanga*. His theatre work includes: *The Musical Beasts*; *Men, an Irish Musical*; and *The Wolf and Peter*. He was one of the co-translators of Louis de Paor's *The Brindled Cat and the Nightingale's Tongue*, with Biddy Jenkinson, Mary O'Donoghue and Louis de Paor.

Biddy Jenkinson is one of Ireland's leading contemporary poets. She has published eight collections, all with Coiscéim: *Baisteadh gintlí* (1987), *Uiscí beatha* (1988), *Dán na huidhre* (1991), *Amhras neimhe* (1997), *Mis* (2001), *Oíche Bhealtaine* (2005) *Táinrith* (2013) and *Sceilg na Scál* (2017). *Rogha dánta*, a selection from her earlier books, was edited by Siobhán Ní Fhoghlú and Seán Ó Tuama and published by Cork University Press in 1999.

LOUIS DE PAOR

Crooked Love
Grá fiar

WITH TRANSLATIONS BY

KEVIN ANDERSON
BIDDY JENKINSON
LOUIS DE PAOR

BLOODAXE BOOKS

Don gcéad ghlúin a mhairfidh tréis bhás na Gaeilge

(claonaithris ar dhán le Billy Collins)

Ní fiú mórán dua a chaitheamh leis an dán so.
Ní bheidh tusa ábalta é a léamh pé scéal é
is tá nithe thairis sin ar m'aire ar maidin
m.sh. dán réasúnta slachtmhar a scríobh dóibhsean
gur féidir leo fós Gaeilge a thuiscint.

Cé chreidfeadh go bhfaighfí slí di
i Reilig na mBalbh?

Shamhlaíos uair amháin í
ag cur bláthanna ar uaigh a sinsear:
Laidin, Fraincis, Lochlannais, Béarla
ach is féidir libhse anois dul ar cuairt
go dtí a huaigh féin tráthnóintí Domhnaigh
má tá Domhnach is Satharn fanta
sa domhan ina maireann sibhse ina diaidh.

Is cuimhin liom scéal
fén gcainteoir deireanach Meiriceánaise
á thaifeadadh ar leaba a bháis
in árasán ar an míliú urlár
mar a raibh sé sínte fé phluid
a bhí déanta d'fhoclóirí ársa,
fógraí stractha, is bíoblaí athláimhe.

Ach an Ghaeilge?
Dar linn gurbh í amháin
a mhínigh gach aon ní,
teanga dhúchais an tsaoil
a labhair Éabha is Ádhamh
sa ghairdín: *athair, nathair, úll.*

For the first generation to survive the death of Irish
(a slant translation of Billy Collins)

This poem is hardly worth the trouble.
It isn't as though you'll be able to read it.
And I have other things on my mind this morning;
for instance, writing a half decent poem,
in Irish, for those who still get it.

Who'd have thought they'd find a place for her
in the burial ground of the dumb?

I used to imagine her laying flowers
on the tombs of her ancestors:
Latin, French, Scandic, English
but nowadays you lot get to visit
her family plot of a Sunday afternoon,
provided of course you still get weekends
in what's left to you of a world.

I recall a story:
the last speaker of Americanish
being documented on his deathbed,
his flat a thousand floors up,
as he huddled under the torn-out pages
of superseded dictionaries,
junkmail and pre-loved Bibles.

But Irish?
We used to think she alone
could make sense of everything –
the mother tongue of the world,
of Eve and Adam in the garden:
*athair, nathair, úll.**

* father, snake, apple.

Ar ndóigh, tá focail eile ar na nithe seo
ach cá bhfaighfeá aon ní chomh binn le
farraige, ciúnas, tigh,
tine, arán, gualainn?

Mo leithscéal. Tá an iomarca ama caite agam leis seo.
Lean ort chomh fada agus is féidir leat
dod chur féin in iúl le poncaíocht do lámh san aer,
le hataí, balúin, is bláthanna páipéir.
Tá tú díreach ar nós na ndaoine sin a mhaíonn
ná tuigeann siad filíocht
ach go bhfuil leithscéal agatsa ar a laghad.

Táim ar an gcéad leathanach eile anois
is do scéal gruama á dhearmad agam cheana.

Tá línte á scríobh agam
fé bhláthanna dearga
ar dhá thaobh an iarnróid
ag beannú dosna leanaí
atá ag stánadh orthu
tré fhuinneog na traenach amach.

Ní bheidh a fhios agatsa go deo
cé hiad ná cad tá i ndán dóibh.

Of course there are other words for such things
but where will you find any as sweet as
farraige, ciúnas, tigh,
*tine, arán, gualainn?**

You have to excuse me!
I've wasted far too much time on this.
But go on! Keep talking as best you can
punctuating the air with your hands,
speaking through hats, balloons and paper flowers.
You're just like that crowd
who insist they don't get poetry.
Only you, at least, have some excuse.

I'm on the next page now
and almost done with your dismal story.

These lines
have red poppies
on either side
waving to the children
staring them out
through the windows of the train.

You'll never know who they are,
what happens next.

[KA]

Caora finiúna

'Fruitless fruits' a thug MacCaig
ar na torthaí úra
a thug sé go dtí a mháthair féin
ar leaba a báis
san ospidéil i nDún Éidin

ach is bronntanas
ón tsíoraíocht iad
na caora finiúna
a thug mo mháthairse léi
ar a cuairt dheireanach
go dtí an tigh seo

creach mhíorúilteach
ó ghairdín príobháideach
an ama a bhfuil clog mear
is uaireadóir borb
ar garda ar gach taobh do.

Tá mo shúil is mo bhéal
á mbrath ó mhaidin
ach n'fheadar fós
cé acu is fearr liom,
na cinn gheala

atá chomh sásta,
chomh múinte,
nó na cinn dhorcha
a bhfuil iarracht
de ghiorranáil orthu

Grapes

'Fruitless fruits',
MacCaig called it,
the fresh fruit
he brought his mother
on her death-bed in Dún Édin

but the grapes
my mother brought
on her last visit here
are a gift
from eternity

a miracle crop
from time's secret garden
where a forward clock
and a cranky watch
patrol every corner.

I've been testing them all morning,
eyes, mouth and all
but I still can't say
which I like best:
the green ones

that are so self-satisfied,
so mannerly,
or the black ones,
a little breathless

is imní láidir
go bpléascfaidh siad
ag gáirí
díreach ag an am
is mí-oiriúnaí ar domhan.

Nuair a fhéachaim orthu
sa chróca leathfholamh
chím an loinnir chéanna
a chonaiceamar i súile
donna mo mháthar

nuair a bhí sí sa tigh
go deireanach: solas
ciúin ag dul as,
áthas gan choinne
nach féidir a chosc.

terrified they'll burst out
laughing
at precisely
the wrong time.

Looking at them now
in the half-empty bowl,
I see that glow
we saw then in my mother's
brown eyes

the last time she was here
in this house:
a quiet light dimming,
happiness unasked for
without end.

[KA]

Fuarán

Táimid cúl le ceamara
sa phictiúr,
suite ar bhinse
sa pháirc phoiblí,

uisce geal
ag bláthú sa bhfuarán
os ár gcomhair amach:
chandelier criostail

saileach Shíneach
déanta de ghloine bheo.
Tá mo ghuaillí craptha
is mo lámha trasna

mar a múineadh dom
sa bhunscoil:
comhartha doichill
de réir na siceolaithe.

Edumacated eejits,
arsa tú, gan charabhat
ná bóna, gan scáth,
gan bhrón, do lámha

sínte laistiar dínn
mar bheifeá sa bhaile
sa tsaol seo dáiríre.
Tá an t-aer leanbaí

ag brú isteach sa spás
ar éigin atá eadrainn
is mé ag iarraidh
an doircheacht

Fountain

That's us there
in the photo
backs to the camera
on a park bench

white water blooming
from a fountain
before us:
a crystal chandelier

a willow weeping
living glass.
My shoulders are hunched,
my arms folded

like they made us do
in primary school:
a sign of hostility
psychologists say.

Edumacated eejits,
you say; tieless,
collarless, fearless,
no regrets, your arms

spread out behind us
as if you really were
at home in the world.
The childish air is still keen

to squeeze in
to a space between us
that's hardly there
as my words struggle

Iascaire is ea m'athair le ceart

Conas ná raibh a fhios againn cheana
agus diamhair na mara
chomh glé sin ina shúil?

Lá an adhlactha, iompraíonn sé
doircheacht mhoch na maidine
ar an trá sin a shíneann
ó dhoras an tséipéil
go dtí bruach an tsaoil.

Siúlann sé thar an slua
atá bailithe sa chlós,
a chois báite sa ghaineamh
gan cabhair a iarraidh
ó éinne dá chlann mhór mhac.

Ní thuigimid an fharraige fós,
dar leis, a cneastacht ná a racht.

Tá naomhóg an bhróin
bun os cionn ar a ghualainn
chomh dubh le fuil théachta
is an fharraige ag fiuchadh
le deora goirt
a loiscfeadh súil na gréine.

Scarann tonn na sochraide roimis
is cuireann sé a dheartháir sa pholl
atá tochailte aige féin
is an ngealaigh ó aréir.

My father is a fisherman by right

How come we never noticed before
the depth of the sea
so clear in his eyes?

The day of the funeral,
he carries the dark of early morning
across the strand that stretches
from the door of the church
to the edge of the world.

He walks past the crowd
gathered outside,
his feet sinking in the sand,
asking no help
from any one of his many sons.

We know nothing yet
of the sea, he says,
its mercy or its rages.

He carries his grief
as if it were a *naomhóg*
black as clotted blood
upended on his shoulders
while the sea boils salt tears
that would scald the eye of the sun.

The mourning wave divides before him
and he buries his brother
in the hole he dug up
with last night's moon.

Nuair a shiúlann ón uaigh ar ais,
tá gile na dtonn
is uaigneas an domhain
i ngleic
i súil ghlas mo shinsir.

When he walks back from the grave
the brightness of the waves
and the loneliness of the earth
clench
in my father's sea-green eyes.

Cloigíní

Tá an mhaidin
chomh socair
i gConamara
go gcloisim
cloigín ón oifig
ag bualadh
i gclós an tógálaí
leathmhíle ón dtigh

an bháisteach
chomh héadrom
go mbraithim
giorranáil m'athar
is é ag smiotadh
blocanna adhmaid
ar chúl an tí i gCorcaigh.

Nuair a ghlaonn
mo mham ón gcistin
airíonn sé
a mháthair féin
á rá lena athair
teacht isteach
chun a dhinnéir
sara bhfuaróidh sé.

Tá sé deich mbliana d'aois
is tá a athair
chomh gairid dó
lena chraiceann féin,
an mhaidin
chomh socair
go gcloiseann sé

Bells

This morning
is so quiet
in Conamara
I can hear
an office bell
ringing
in the builder's yard
half a mile from here

the rain
so light
I feel my father's
heavy breath
as he chops
wooden blocks
behind the house in Cork.

When my mother calls out
from the kitchen
he hears
his own mother
telling his father
to come in
for his dinner
before it gets cold.

He is ten years old
and his father
is as close to him
as his own skin,
the morning
so still
he hears

cloigín oifige
in aigne a mhic
blianta fada ó bhaile
á rá leis go bhfuil
a dhóthain déanta
aige go fóill,
teacht isteach anois
sara bhfuaróidh sé.

an office bell
in his son's head
years away from home
telling him
he's done enough
for now,
to come in
before he goes cold.

Luascáin

Sa ghairdín folamh
tá luascán gorm
ag luascadh
gan éinne á bhrú
ó thuirsigh an ghaoth
den obair leanbaí
gan buíochas.

Ná corraigh, adeirim
leis an leanbh
im cheann, ná lig ort
gur féidir leat fhéin
é a dhéanamh

go mbraithfidh tú
a láimh led dhrom,
a ghlór crosta
mar dhea á rá leat
gur fadó riamh

ba chóir duit
a bheith ábalta
tú fhéin a chur
sna flaithis bheaga
gan éinne dod bhrú.

Dar ndóigh, adeirim
leis an athair
im aigne is a mhac
ag féachaint trí dhallóg
leathdhruidte amach

Swings

In the empty garden
there's a blue swing
barely moving
and no one pushing it
since the wind tired
of its childish
thankless work.

Don't move yet,
I tell the child
in my mind,
don't let on
you can do it yourself

till you feel his hand
at your back,
his voice pretending
to be cross as he tells you
you're old enough now

to be able
to go as high
as you want to
without anyone else
pushing you.

Of course, I say
to the father in my mind
and his son looking
out through the half
drawn blind

ar luascán gorm
atá ag luascadh
i gcónaí ar éigin
sa ghairdín folamh
gan éinne á bhrú,
éinne in aon chor.

at a blue swing
still moving
but only just
in the empty garden
with no one to push it,
no one at all.

II

Multi-tasking

Ná habair led thoil gur cleas é seo
a d'imir an solas is an dusta le chéile orm,

gurb é do scáil a chonac sa bhfuinneog sin
is na háraistí á ní agam ar maidin,

ag éisteacht leis an raidió sa chúinne
agus tusa ag iarnáil éadaí na leanaí

ag leathéisteacht liomsa mar is gnáth
ag tabhairt amach faoin saol mar atá.

Ní rabhas ag taibhreamh. Chonac
go soiléir lem dhá shúil féin tú ag dul

timpeall bhinn an tí agus a fhios agam
go maith go rabhais ansan laistiar dom

ag ligint ort bheith ag éisteacht liomsa
is an raidió tur. Ar son na síochána

níor bhacas fiú le féachaint chliathánach
thar mo ghualainn ag iarraidh breith ort

istigh is amuigh san aon am amháin.
Tréis cúig bliana fichead den obair seo

tuigim nach aon stró ort bheith ansan
in aice liom agus fós in áit eile nach féidir

tú a leanúint, ní hionann is an té sin
in úrscéal Banville a bhí ar tí dul amach

tríd na doirse Francacha sa tigh Angla-Éireannach
nuair a chas ar a sháil ag an neomat deireanach

Multi-tasking

No point telling me it's a trick
light and dust have played on me,

that it was your shadow I saw in the window
as I washed the dishes this morning,

listening to the radio in the corner
while you ironed children's clothes,

half-listening to me as usual
giving out about the world and its ways.

No. I wasn't dreaming. I saw you clear
as day with my own two eyes just now

going past the gable end of the house
when I knew in my mind you were there

behind me pretending to listen to me
and the dull radio. For the sake of peace,

I didn't bother glancing sideways
over my shoulder to try and catch you

inside and out at one and the same time.
After twenty-five years and more of this,

I know it's no bother at all to you
to be there alongside me and away

somewhere I can't follow you, unlike the man
in Banville's novel who was about to go

through the French doors in the Anglo-Irish mansion
when he turned back at the last moment

is go raibh uaigneas dochreidte
an chuid eile dá shaol air i ndiaidh an duine

a d'fhéadfadh teacht ann dá siúlfadh sé
tríd an doras gloine idir é agus é féin.

Is féidir leatsa a bheith ann agus as,
amuigh is istigh, aon uair is maith leat,

ag teacht is ag imeacht tríd an doras
nár chuimhnigh mé riamh a dhúnadh

idir tú is tú fhéin ar eagla go mbeadh
fonn ort í a leanúint, an bhean óg

a chuaigh tríd na doirse Francacha fadó
atá ag fanúint leat ag binn an tí go fóill.

Tá tú ag portaireacht os íseal ar mo chúl,
comhartha follasach go bhfuileann tú

istigh leat fhéin inniu. Nuair a stadann
an chantaireacht go hobann, braithim

do shúile ag dul tríom is mé ag faire
tríd an bhfuinneog amach don mbean

a bhfuil uaigneas an domhain i gcónaí
ina diaidh orm is nár éirigh liom fós

teacht suas léi. Dá rachainn chomh fada
le binn an tí, ní móide, a chroí, go gcasfainn.

and was afflicted by the most incredible loneliness
for the rest of his life for the person

he might have become had he stepped
through the glass between him and himself.

You, on the other hand, can be there
and not there, inside and out, whatever,

coming and going as you please
through the door I never thought to close

between you and your self
in case you'd want to follow her:

the girl who crossed that threshold long ago
and waits for you still at the gable end.

I hear you lilting quietly
just behind me, a sure sign

you're your old self today.
The music stops and I feel you

looking right through me
as I keep an eye out the window

for the woman I've followed all my life
and haven't caught up with yet.

If I went as far as the gable end
I doubt I'd ever turn back, my love.

[KA]

Hataí

Cling to me & I promise you'll drown too.

JOHN BERRYMAN

ar thugais fé ndeara
gléas a gcuid gruaige,
leicne is ingní daite,
        a súile lasta
ar aon dath is gearradh
leis na héadaí nua geala,
áthas ag sileadh leo
ó rinn go sáil

na mná meánaosta
atá ar tí a leanaí
is a bhfearaibh
a fhágaint
iata suas
i mbarr an tí
mar a bhfuaireadar
pé ní a bhí uathu
ar feadh na mblian
ná raibh a fhios acu féin
cad é nó go bhfuaireadar é?

níor thug, arsa tú
go tur, ag imeacht
an doras amach
cumhracht uait
a chuirfeadh
adharc ar nóinín,
hata *vintage* anuas
ar leathshúil ghlas
a bhfuil doimhneas
na mara fós inti

38

Hats off

Cling to me & I promise you'll drown too.
JOHN BERRYMAN

have you noticed
how their hair gleams,
the colour of their cheeks
and nails, eyes lit,
shaped and limned
to match their bright
new clothes, delight
cloaking them
head to toe

women in their prime
about to leave
their men & children
locked up in the attic
where they got
whatever they wanted
all these years
not knowing
what they wanted
till they got it?

I have not, you say,
heading out the door,
a fragrance all about you
so sweet
you'd rouse a daisy,
a vintage hat
cocked over one eye
that is still sea-deep

fothraigh bád
is fear, mná
ag gol gan stop,
buachaill amháin
ag dul faoi
arís is arís eile
ded buíochas

ba dhóbair dó
bá ionat tráth

full of shipwrecks
and manwrecks
women crying
and one boy
who keeps going down
no matter how
you try to stop him:

he nearly drowned
in you once

Bóithre

faiteadh
súile feithide
i bhforaois fearthainne
i mBorneó

chuir gála gaoithe
ag réabadh na tíre
ag pleancadh
scioból tuí

is monarchan iata,
scoileanna réamhdhéanta
is tithe taibhsí
ó Cheann Mhalainne
go Carn Uí Néid

gur reoigh an fhuil
i gcuislí miotail
na sreang aibhléise,
gur bhuail poc sí

gach fón póca in Éirinn
is shlog gach duine acu
a theanga féin;
bhí soilse tráchta
ag caochadh orm

i ngach baile codlatach
ar an tslí abhaile
chun an tí seo
mar a bhfuil tusa
fós id shuí, do shúil

Chaos theory

the blink
of an insect's eye
in the rain forest
of Borneo

set gale force winds
ripping
the country,
battering tin sheds

and shut factories,
prefabricated schools
and ghost houses
from Mizen to Malin Head,

till the blood ran cold
in the metal veins
of electric wires
and a minor stroke

made every smart
phone in Ireland
swallow its tongue;
traffic lights
winked at me

in every sleeptown
between here
and there
where you're still up,
eyes blinking tired,

ag faiteadh le tuirse,
do chabhail chomh te
le foraois fearthainne
nuair a thugaim chugat

bronntanas ón stoirm
a chuaigh tríom anocht:
        fuacht nimhe
an bhóthair gan chríoch
idir tú   is Borneó

body as hot
as a rain forest
when I bring you
this gift from the storm

that raged through me
tonight, the bitter cold
of the long road
between you   and Borneo

Matamaitic

Right, like a well-done sum.
SYLVIA PLATH

Tá tú ag teacht isteach ort fhéin
arís le tamall, dod chur féin i ngléas
tréis tamaill mhóir fhada as tiún,
buíochas leis na suaimhneasáin
a mhaolaigh do phianta cnámh,
      le táilliúirí na hIodáile
a mhúin duit an chothromóid shimplí
idir éadach beo agus craiceann mín.

Ní miste leat má thagann tú anois
ar do scáth i súil mná nó fir.
Siúlann tú seomraí cúirte an tsaoil
mar a gcuirtear an áilleacht ar a triail
mar a bheifeá sa bhaile sa chistin
ag cnagadh friochtán agus sáspan,
ag cur séap ar gach aon ní
a tharlaíonn féd mhéara aclaí.

Nuair a thógann tú do láimh
chun an solas a chur as os ár gcionn
tá loinnir nua id shúil chodlatach:
áthas linbh a thuigeann go bhfuil
rún na matamaitice scaoilte aici
níos fearr ná aon chailín maith,
gan lá staidéir, gan deoir allais.

Mathematics

> Right, like a well-done sum.
>
> SYLVIA PLATH

You're coming in to your own
after a long time out of tune,
hitting the right notes again
thanks to the tablets
that eased your bones
and the tailors of Florence
who taught you the simple equation
between living cloth and soft skin.

You no longer mind your own reflection
in the eye of man or woman:
you enter the courtrooms of the world
where beauty is judged
as if you were at home in the kitchen
thumping pans and saucepans,
knocking everything into shape
that comes under your agile fingers.

When you raise your hand
to put out the bedside light
there's a new glow in your drowsy eyes,
the delight of a child who realises
she's solved the mystery of mathematics
better than the nuns' best girl.
No swot.   No sweat.

47

Lánúintí

Laethanta
go mbíonn an saol
chomh soiléir
le guth mná i mbád
ag gáirí go ciúin
amuigh i lár an chuain

tugaimid cluas bhodhar
dosna faoileáin adeir
go mbeidh eascoin
isteach is amach gan mhoill
trí fhuinneoga an tí seo
déanta de ghloine agus tuí
díreach ar imeall an aigéin.

Laethanta
go ndeineann leac oighir
den talamh tirim fénár gcosa,
gur cloch mhór
gach focal beag
is an faoileán histéireach
deireanach ina thost.

I naoi déag daichead
a ceathair, arsa'n fear
aosta dea-ghléasta
i mBaile Átha Liag os íseal
mar a bheadh eagla air
ná hiompródh an t-aer
a chuid uaignis go léir

Couples

                    Days
when life is as clear
as a woman
laughing quietly
in a boat out there
in the middle of the harbour

we turn a deaf ear
to the seagulls who say
any day now eels will go in
and out through the windows
of this house
built of glass and straw
right at the edge of the ocean.

                    Days
when solid ground
becomes thin ice
under our feet,
when every little word
turns to stone
and the last hysterical
seagull is silent.

In 1944, said the well-dressed
elderly man in Lanesborough,
softly, as if he was afraid
the air wouldn't carry
all his loneliness

chloisfeá an loch
ag tabhairt uaidh
i dtigh m'athar
dhá mhíle ón áit.
Níor bádh éinne
ach níor shiúlamar
ar uisce ó shin.

            Laethanta
gur cuma sa tsioc linn
go bhfuil poll sa díon
is líonta le deisiú sa lochta,
go bhfuil cigire teilifíse
ar stailc ocrais ag an doras
is troscán á smiotadh
ag leanaí crosta
sa seomra tosaigh.

Tá airicín geallta
sa chistin chluthar
mar a bhfuilimid
ag cur faobhair
ar sceana maola
is ar bheara caola.

Is fada linn
go dtiocfaidh siad:
na sluaite maicréal
ón spéir réabtha
ag lorg lóistín
ina gcótaí nua íle.

you could hear the ice
break on the lake
in my father's house
two miles from here.
Nobody drowned
but we never again
walked on water.

     Days
we don't give a damn
that there's a hole
in the roof and nets
to be mended in the attic,
when the TV licence man
is on hunger strike
at the front door
and peevish children
are smashing furniture
in the front room.

There's a hurricane
forecast
in the steaming kitchen
where we're busy
sharpening old knives
and pointed skewers.

We long for shoals
of mackerel to come
from the torn sky
looking for somewhere
to stay in their
brand new oilskins.

Bratacha

Ní fhéadfaí a rá fútsa, an méid
adúirt MacDiarmid adúirt Rilke
faoin mbean i meán a laethe
a thug isteach áilleacht a gné
mar a bheadh bratacha daite
an mhaidin i ndiaidh na féile.

Tréis gach briatharchath
cathartha, tá do bhratacha
ag foluain sa ghaoth loiscthe
os cionn na bhfoirgintí scriosta.
Níor athraigh siad riamh a ndath.
Is lú ná san fós má thréig.

Flags

It could never be said of you
what Rilke said, according to Hugh
MacDiarmid, about the woman
in her middle years who took
in her good looks like coloured flags
the morning after the carnival.

After all our civil wars
your flags fly at full mast
in the flaming wind above
the burned out buildings.
They never changed sides,
never once faded or fled.

Iníon Deichtine

Ar Bhóthar an Chaisleáin Nua,
tá cailín fionn ag siúl i dtreo an bhaile,
maide fuinseoige ag sileadh óna láimh
chomh héasca leis an loca
atá ag rince ar chlár a héadain.

Tá mant, mar is cóir, san adhmad críonna,
is marc dá réir ar ghrua na mná,
faghairt na himeartha ina súil
is a cromán chomh casta sa tsiúl di
le bais an chamáin
a d'fhás gan choinne ina glaic.

Doirtfear fuil ach a dtiocfaidh sí
chomh fada le cóisir Chulainn.

Deichtine's Daughter

On Newcastle Road, a fair-haired girl
is walking towards town,
an ash-stick swinging in her hand,
easy as the lock of hair
dancing on her forehead.

As you'd expect, there's a nick
in the seasoned wood, another
in the girl's cheek, and the fire
of combat blazing in her eyes.
Her hip bones jut and angle,
turned like the blade of a hurley
that grew unexpectedly in her fist.

Blood will be spilt
when she arrives at Culann's feast.

[BJ]

AUDIO GUIDE

Lá dá raibh…/One day… was adapted for a dual-language radio feature broadcast on 14 March 2021 on RTÉ lyric fm and Raidió na Gaeltachta with Louis de Paor as poet-narrator and music by Dana Lyn. This was a Rockfinch Production for *The Lyric Feature* on RTÉ lyric fm made with support from the Broadcasting Authority of Ireland. Sound design: David Munro. Sound mix: Alan Kelly. Producer: Eoin O'Kelly. The recordings are available here:

    Irish: https://www.rte.ie/radio/lyricfm/clips/21923752/
    English: https://www.rte.ie/radio/lyricfm/clips/21923751/

To listen to the recordings in Irish or English while reading the sequence, scan the QR codes below with your phone. If the same recording shows again when switching languages, turn off the phone completely, turn it back on, and re-scan.

Lá dá raibh…	**One day…**
(IRISH)	(ENGLISH)

III

Lá dá raibh...| One day...

1 *Suibhne agus Bean Dubh an Phoist*

Tá na blianta ag ramhrú
ar fhallaí an tí mhóir
is uabhar chomh tréan
le greim an eidhinn
ag fáisceadh ar inchinn Shuibhne
mar a suíonn sé
i measc ghréithre an tseanashaoil
chomh néata gléasta le cónra.

Tá giorranáil ó mhaidin air
is straidhn chun an tsaoil.
Maíonn sé éirí na gréine
ar na comharsain
a bhochtaíonn an t-aer
lena n-anáil bhréan.

Tá a bhéal ar leathadh
mar a bheadh bosca briste litreach
is fonn chomh mall
le caitheamh an ama á chasadh
ag bean dubh an phoist
ag scinneadh thar a gheata gan stad.

1 *Sweeny and the Dark Postwoman*

The years have gone to seed
on the walls of the Big House
and pride, deep as the clutch of ivy
tightens its grip on Sweeny's mind
where he sits with the souvenirs
of glory days, neat and dapper as a coffin.

He's breathless since morning,
raging against the light.
He grudges the rising sun
to his neighbours
who beggar the air
with their fetid breath.

His mouth gapes
like a broken letter-box
as he listens to a tune,
steady as time passing.
The dark postwoman whistles it,
cycling quickly past his gate without stopping.

San eastát tithíochta
tá na fáinleoga
tréis filleadh ón Afraic.

Táid ag teacht anso,
adeir urlabhraí álainn
ó Oifig na nÉan,
ó ba osna ghéar

is anáil lofa
an saol go léir abhus
is tá ceart dá réir acu
ar bhinne na dtithe.

Tá doirse ar leathadh
le fáilte ar ais
roimh na himircigh,
fuinneoga ag sméideadh

is méara na simnéithe
ag glaoch i leith orthu
go roinnfidh siad
a gcuid scéalta ar a chéile.

　　　Ar maidin, sara ndúisíonn
　　　na cuairteoirí galánta,
　　　cloiseann na tithe scoltarnach
　　　na marbh trína gcodladh:

　　　portaireacht na lon dubh
　　　i bhfothrach na marbhlainne,
　　　cantaireacht na bhfuiseog
　　　i dTeach na mBocht

2 *The Ministry for Birds*

In the housing estate
the swallows
are back from Africa.

According to the pretty spokesperson
from the Ministry for Birds
they've been coming here,
since this place was nothing
but sharp sighs and diseased breath.

They have customary rights
to the gables of the houses.

Doors are flung open
to welcome them back,
windows wink at them
and chimneys crook their fingers,
inviting them over
to hear the latest.

> In the morning, before
> the well-heeled visitors
> get up, the houses hear
> the dead singing in their sleep:
>
> blackbirds lilting
> in the ruined mortuary,
> thrushes chanting
> in the Poorhouse

a chuireann an leac oighir
ag leá de dhromchla an lae
is bóithre sioctha
ag sileadh na ndeor.

melting the ice cap
on the surface of the day,
reducing the roads
              to tears.

Amuigh sa tsaol tá bóthar neamhoifigiúil
á shiúl ina cheann ó mhaidin ag an síobshiúlaí
eachtrannach. Tá scéal aige a íocfaidh a shlí
chomh fada siar le bóthar na spéire –

gaiscíoch fir i nGleann na nGallghael
a chuaigh ar an domhain le breacadh an lae
gur fhuadaigh gliomach as pota a chomrádaí.
Thug leis abhaile é go dtí ciseán a thí,

chuir culaith bréidín ar a bhráthair
is leag amach arís é ar urlár na mara
sular oscail doras an tsolais
ar chodladh mór an iascaire bhig.

Tá sé féin chomh néata le gliomach
sna dungaraíonna ar dhath na farraige;
nuair a ligeann sé gáire i gcúl na cairte
cnagann a chuid fiacla go hobann

amhail géaga sliogéisc in uisce fiuchta.
Buaileann tonn formaid gan choinne é
leis an tiománaí bodhar
atá á chur soir i gcoinne a thola.

Ní fhaca seisean riamh spéaclaí de Valera
ar aghaidh ghruama maicréil
ná éadan fothoinn de Blaghd
ag drannadh leis i dtaibhreamh.

Tá stumpa úill is píopa cré gan líonadh
i bpóca stairiúil a chóta.
Tá tart air a thraochfadh aibhnte na gealaí
is farraigí na cruinne cé.

3 *The Foreign Hitchhiker*

Out in the real world, the foreign hitchhiker
has been walking an unapproved road
all morning in his head. He has a story
that will pay his passage all the way to the Sky Road:

a comrade in arms in Anglo-Irishtown
who put to sea at first light
and lifted a lobster from his neighbour's pot.
He smuggled him back to his basket house

where he dressed him up in a tiny tweed suit,
then put him back on the sea-floor
before the sun pushed open the half-door
of light on the wee fisherman's big sleep.

The hitchhiker is natty as a lobster
in his sea-blue dungarees
in the back seat of the car.
When he laughs, his teeth clack

like crayfish in boiling water. Out of the blue
a wave of envy hits him
for the deaf man at the wheel
who is driving him round the bend.

The driver has never seen de Valera's spectacles
on the gloomy eyes of a mackerel
or Ernest Blythe's submerged face
snarling at him in a dream.

There's a half-eaten apple and an empty
clay pipe in his famous coat pocket.
His thirst would drain the rivers of the world
and all the oceans of the moon.

4 *Oifig an Phoist*

Tá bean dubh an phoist
fliuch go craiceann
ag na focail a dhoirteann
ó bhéal na seanóirí
lá an phinsin
is an duaircis a ghabhann leis.

– Déanfaidh sé drochlá fós.
– Ní fada uainn anois í.
– Tá sí geallta, a dhuine.

Mar a bheadh cleamhnas
déanta acu leis an anachain,
ar sise ina haigne féin,
conradh bliana is lae tarraicthe
le máistir na doininne.

Nuair a thógann sí a ceann,
tá cailín donn
ina seasamh le cuntar,
cnaipe óir i lár a teanga
chomh dána le fáinne
ar mhéar an easpaig.

Tá a Béarla briste
chomh cumhra le santal
is seoladh na litreach chomh glé
le gluaiseanna gréine
ar íor na gcnoc.

Nuair a chasann sí
ar a sáil nocht,
bogann leoraí na scamall
den bhfuinneog

4 *The Post Office*

The dark postwoman
is soaked to the skin
from the guff of geriatrics
on pension day
and the grouch
that goes with it.

– Tis promised to get worse.
– The fine weather won't last.
– Twill turn nasty yet.

As if they'd pledged themselves
to misery, she says to herself,
drawn up a contract
for a year and a day
with the ringmaster of rainy days.

When she looks up,
there's a brown girl
at the counter,
a gold piercing in her tongue,
brazen as the ring
on a bishop's finger.

Her broken English
is sweet as sandalwood
and the address on the letter
clear as the legends
the sun inscribes on faraway hills.

When she turns
on her bare heel,
a lorryload of cloud
clears the window

is tá an saol go léir tré thine
ó Shráid an Champa amach
go dtí an Teach Dóite

an domhan báite
faoi thuilte solais
is croí leonta na mban dubh
ag seoladh na bóchna
go dtí Venezuela.

and the whole world takes fire
from Camp Street
as far as Burnt House:

everything drowning
in floods of light
as the wounded hearts
of two dark women
cross the salt sea to Venezuela.

Sa séipéal ciúin laistíos den eas
tá lánúin óg ón Muileann gCearr
ag siúl phasáiste caol an áthais
den gcéad uair ó lá na bainise.

Tá a súile cleachta ar an meath-
dhoircheacht is iad ag teacht
ina mbrístí *denim* i dtreo
na haltóra mar a bhfuil solas

síoraí an dóchais fós ar lasadh.
Tá boladh ródaideandran
ag séideadh tré pholl beag
i bhfuinneog dhaite a gcuimhne

is an bhrídeog ag iarraidh
coinneal a lasadh ag na ráillí.
Tá an t-aer go léir tré thine
is a láimh ag crith mar a bhí

an lá san gur chuir an todhchaí
fáinne óir ar a méar. Beireann
a fear céile ar a láimhín thais
is loisceann deora te na coinnle

a chraiceann mín. Ligeann
na ródaideandrain osna cumhra.
Is fada leo go mbeidh bainis eile acu
le triall air ina ngúnaí corcra.

5 *The Empty Church*

In the empty church by the waterfall
a young couple from Mullingar
walk the narrow aisle of happiness
for the first time since the wedding.

Their eyes have grown accustomed
to the semi-dark as they approach
in their denim jeans the altar
where the perpetual light

of hope still flickers. The scent
of rhododendrons blows
through a small hole
in the stained glass of their memory

and the bride is having trouble
lighting her white candle
at the railings. All around
the air is on fire and her hand

shakes as it did that day
the future placed its old gold ring
on her finger. Her husband catches
her moist hand and the hot tears

of the candle scald his soft skin.
The rhododendrons breathe
a fragrant sigh. They can't wait
for another wedding to go to
in their lovely purple dresses.

Nuair a bhuaileann buile an mheánlae,
stopann uaireadóir na mná rialta
mar a mbíodh an clochar
in aice an droichid.

Gabhann tréad gluaisteán
thar dhoras an tséipéil
is coisí aonair ina ndiaidh

fear i mbéal bearna an ama
is beithígh na mblian
ag leagan na gclaí ar gach taobh de.

Beannaíonn méara na dtiománaithe
don bhfear dall os íseal
ar eagla go mbeadh a mhadra a mbrath.

Coinníonn an bhean rialta
greim docht ar iall a paidrín
is í ag gabháil thairis.

Tá a cuisle chomh righin
le clog an aingil
is luisne ina grua
ó bhraith sí
an ghrian á faire.

Nuair a chroitheann sí caol a láimhe,
bogann an t-am chun siúil,
a cuisle leochaileach
ag brostú leis ina dhiaidh.

6 *The Angelus*

Midday strikes
and the nun's watch stops
just there where the convent was
right beside the bridge.

A flock of cars passes
the chapel door,
a man at their heels

standing in the gap of time
as the years break through
the ditches on either side.

Drivers salute the blind man
discreetly, just in case
the dog is taking notes.

The nun clenches
her rosary beads
and hurries past.

Her pulse is as slow
as the angelus bell,
her cheeks flushed
since she caught
the sun watching her.

When she shakes her wrist,
time moves on,
her delicate heart
hurrying to keep up.

7 *An Siopa*

I gclapsholas an tsiopa
ar an dtaobh eile den sruthán,
tá an seanduine bodhar
ag na buachaillí anallód
atá ag iarraidh milseán is comics
ná facthas le cuimhne na gcat:

Fizz Bars, Trigger Bars,
Lucky Lumps,
Wizard, Hotspur,
Scorcher, Score 'n' Roar.

Tá an ghráin aige ar an gCarghas
nuair ná tagann éinne ag triall
ar mhilseacht chomhrá chuige,
scéalta meala a mhaolódh seal
ar fhírinne shearbh an tsaoil á gceal.

Agus toisc nár fhásadar riamh,
na buachaillí a bhásaigh go hanabaí,
maireann a scáilí geala
in aigne an tseanduine
atá lán go barra
de loinnir an tsaoil eile.

Tá gadaí beag i mbéal an dorais
ar a shlí amach sa tsaol.

7 *The Shop*

It's always twilight in the shop
on the far side of the stream
where the old man is half deaf
from the boys of yesteryear
demanding sweets and comics
no one has heard of
since before elephants can remember.

Fizz Bars, Trigger Bars,
Lucky Lumps,
Wizard, Hotspur,
Scorcher, Score 'n' Roar.

He hates Lent when no one
comes to him for sweet talk,
for stories that take
the bitter taste
of the world away for a while.

And because they never grew up or old,
the boys who died before their time,
their bright shadows live on
in the old man's head that is full
of the light of the next world.

There's a wee pickpocket at the door
on his way back to real life.

Nuair a chlingeann
cloigín an dorais ina dhiaidh,
      titeann
      scillingí
      réala
      flóiríní
      is leath-
      choróineacha
ina bhfrasa airgid
as pócaí doimhne an tseanduine,
as a dhá shúil lán.

When the doorbell rings after him
       shillings
       & sixpences
       florins
       & half-
       crowns
       fall
from the old man's pockets,
a silver stream
from his swollen eyes.

Siúlann Béarla
bóthar an tsléibhe,
croiméal dorcha ar a bhéal
is Tarcaisne ag tafann ar a shála.

Is é tiarna na staire
is an drochthalaimh é
is tá acraí bochta na mblian
comhairthe go dtí an lá aige
i leabhar beag cuntais a chroí.

Ar gach taobh dó,
tá bláth an cheannbháin
chomh mín
le muintir an bhaile

a labhrann canúint
chomh ciúin
le hanáil na marbh.

Ní bhraitheann
na caoirigh féin
an féar ag fás os a cionn.

8 *The King of History*

English tramps
the mountain road
with his black moustache,
Contempt yelping at his heels.

He is the king of history
and useless land,
totting up
acres of years to the day
in the tiny account book of his heart.

On every side,
bog cotton is soft
as the people
who live here

their language
as quiet
as the breath of the dead.

Even the sheep
can't hear the grass
growing over its feet.

Aimsir an uileloiscthe,
tugadh anuas den sliabh iad,
na caoirigh, le galar tógálach
an amhrais a leigheas.

Níorbh fhéidir a bheith cinnte,
arsa'n lia uilefhiosach,
go rabhadar slán
gan iad ar fad a scrios.

Tréis daichead oíche is lá
de dheatach lofa na dtinte cnámh,
fógraíodh go rabhadar glan, na mairbh,
neamhchiontach tar éis an tsaoil.

Tugadh tréad nua isteach
ón iasacht inniu;
scaoileadh le cnoc iad,
ag bolathaíl i measc na dtom,
ag cuardach beatha.

Tá boladh nach maith leo
i ngach áit rompu, gártha fear
is trucailí ag amhastrach.

Ní cuimhin leis an gcuid is sine
de chuimhne a sinseanmháithreacha iontu
a bheith riamh anso cheana.

Ní chloiseann siad an féar
ag labhairt leis féin
sna scailpeanna cúnga
ar chúl na gcreag.
Tá an t-aer bodhar balbh,
dar leo, an talamh bocht.

9 *The Great Fire*

During the time of the great fire,
the sheep were brought down
from the mountain so the contagion
of doubt might be healed.

We couldn't be certain
they were clean,
said the omniscient scientist,
till we slaughtered them all.

After forty nights and days
of smoking flesh and bone fires,
it was announced the dead were free
of disease, innocent after all.

A new herd was introduced
from outside today,
set loose
on heathered hills,
sniffing for food.

There's a smell they can't bear
everywhere they go,
of men shouting, trucks growling.

The oldest memory passed down
from their great greatgrandmothers
remembers nothing of all this.

They can't hear
the grass talking to itself
in the narrow clefts
behind the rocks.
The air is deaf and dumb
to them, the earth empty.

Beidh sliocht a sleachta
níos crua, chomh caol,
má mhaireann siad,
le béarla na marbh
a chloiseann na seandaoine
ag méiligh os íseal
i dtromluí buan a gcuimhne.

Their children's children
will be hardier,
if they survive, lean
as the language of the dead
the old people still hear
bleating in the neverending
nightmare of remembrance.

10 *An Léitheoir Profaí*

tá an léitheoir profaí
ag ceartú leis i gcónaí
i ngairdín na teanga,

ag glanadh amach
na mbotún a d'fhág
comhréir bhriste na staire

sa chaint; baineann sé
fiailí nár chualathas
á labhairt i gceart

ó bhláthaigh an tost
i mbéal Mháire Ní Eidhin;

tá a shaol caite
i bhfásta, dar leis,
ag iarraidh na driseacha
a bhaint timpeall
ar uaigh an fhile,
obair mhaslach
is gan na mairbh fhéin
buíoch dá bharr;

dúisíonn sé
i lár na hoíche
agus allas leis:
tá saor cloiche
ag tolladh a chléibh

10 *The Proofreader*

the proofreader
is forever weeding
the word garden,

correcting mistakes
made by history
and its broken syntax
in people's talk

pulling up weeds
no one has spoken correctly
since silence bloomed
in the mouth of Mary Hynes;

he has wasted his life,
trying to root out
the briars
that keep growing
around the poet's grave,
dirty work
that even the dead
don't appreciate;

in the middle of the night
he wakes in a sweat
and there's a stonemason
hammering his chest

agus dearmad marfach
á ghearradh aige
ar leac na huaighe
os a chionn féin
ar feadh na síoraíochta;

cloiseann sé Mahaffy
agus Edmund Spenser
sna trithí gáire
ar an mbruach thall

Bíobla Bedell
i láimh an scoláire,
bata scóir
i láimh an fhile.

carving
the ultimate mistake
on the headstone
of his very own grave;

he hears John Pentland Mahaffy
and Edmund Spenser
sniggering
from the underworld;

the professor is brandishing
Bedell's Bible;
there's a tallystick
in the hand of the poet.

11 *Ar Thalamh Phortaigh an Bhróin*

Ar thalamh phortaigh an bhróin
tá ciarsúir chraptha
na bhfeileastram feoite
chomh salach
le cith confetti faoi chois.

Seasann capaillíní Chonamara
ar aire sa bhfearthainn
chomh grástúil místuama
le muintir an tsléibhe anuas

a d'fhan rófhada ar dhá thaobh
an bhóthair seo aréir
agus cuimhne dea-chomharsan
á hiompar go teampall na cré
ar ghuaillí cúnga a chlann iníon.

Is fada leis an dtalamh
go dtriomóidh an deoir airgid
a chonacthas
chomh glé le fáinne
ar mhéar nocht
an chailín is sine orthu.

11 *The Wetlands of Sorrow*

In the wetlands of sorrow,
withered irises
are crumpled handkerchiefs
grimy as trampled confetti;

Conamara ponies stand
to attention in the rain,
as graceful and awkward
as the hillpeople

who stood too long on both sides
of this road last night
while the memory of a good neighbour
was carried to the cemetery
on the slender shoulders of his four daughters.

The earth longs to dry
the silver tear
we all saw
bright as a ring,
on the bare finger
of the eldest girl.

Nuair a chuirtear corp nua
sa reilig, tosnaíonn
an tromluí arís in aigne
na mairnéalach atá curtha
ar aghaidh na mainistreach
mar a bhfuil Ádhamh is Éabha
greamaithe den gcloch,
ite ag an bhfearthainn ghoirt.

Bás cluthar is ea báthadh,
adeir an dream a thagann slán –
scaoileadh, géilleadh,
ligint uait, dul le sruth
go líonfaidh an t-uisce leis féin tú,
go nglanfaidh gach rian buartha
ded aghaidh shuaite.
Adeir clann an áidh a tháinig slán.

Cloisimidne
faisnéis aimsire
tré stoirm stataice,
paidreacha á rá faoi dheifir
i dteanga eachtrannach
ár gcomharsan nua
a bhfuil deifir orthu abhaile.

Nuair a chaitear sluaistí cré
anuas ar an adhmad bodhar,
níl a fhios agam
an é mo chroí féin
a airím ag gabháilt
ar dhoras righin mo chléibh
nó inneall báid ag dul i léig

12 *The Dead Sailors*

Every time a body
is brought to the graveyard,
the bad dream starts again
in the minds of the sailors
buried by the cathedral wall
where Adam and Eve
are turned to stone
ravaged by rainsalt.

Drowning is a cosy death,
survivors say – let go, give in,
give up, surrender to the tide
that fills you with itself,
smoothing every trace
of worry from your face.
Say the lucky ones who got away.

The dead sailors hear
murmurs like storm warnings
through clouds of static,
prayers said quickly
in the foreign language
of their new neighbours
before they hurry home
from the endless rain.

When shovels of earth
thump the wooden coffin,
who knows
if it's the heart knocking
on the door of his chest
or a boat engine fading

go dtí ná fuil fanta
ach cnuimheanna ag fuáil
ár dtaibhrthí gonta,
suaimhneas gan solas,
is cumhracht chiúin
na fearthainne síoraí.

till there's nothing left
only worms darning
our ravelled dreams,
eternal rest without light,
the perpetual fragrance
                    of rain.

Níor mhaith leis riamh
go mbeadh sí ag fuadraíl
timpeall air, ag cur caoi
ar a éadaí caite, ag díriú
a charabhait Dé Domhnaigh,
ag glanadh fríd an oilc
a bhraith sí i gcúinne dá shúil.

Sa reilig Ghallda anocht,
tá a croí chomh héadrom
le druid agus scoth na mbláth
ón ngairdín cúil á gcóiriú aici
ar uaigh a céile: Sweet William,
Hydrangea, Chrysanthemum,
Primrose amháin os cionn a bhéil.

Tá an chré chomh cumhra
leis an óigbhean uasal sa scéal úd
a mbeadh an ghrian féin in éad
leis an té a gheobhadh í mar chéile.

Nuair a chloiseann sé
cantain gan choinne na gcrann
i gcroí na seanmhná
mothaíonn an bás
grá treascartha an tsaoil seo
ag déanamh dhá leath dá lár.

Is fada leis go bhfágfaidh sí,
go bhfillfidh sí arís.

13 *In the Protestant Graveyard*

He never liked her fussing,
fixing his clothes,
straightening his tie on Sundays,
wiping the nasty speck
she spotted in a corner of his eye.

In the Protestant graveyard
her heart is light as a starling
as she arranges flowers
on her husband's grave:
Sweet William, Hydrangea,
Chrysanthemum, a single Primrose
where his mouth should be.

The earth smells fresh
as that girl in the story, so sweet
even the sun envied
the man she married.

When Death hears
the unexpected singing of the trees
in the old woman's heart,
he feels impossible love
of the world tearing him asunder.

He can't wait for her to go,
so she can come back again.

14 *Michael Furey is an Cailín Donn*

le crónú an lae,
tá cailín donn ina seasamh
ar imeall an bhaile,

foclóir Béarla athláimhe
sa mhála droma lena hais,
úll agus buidéal fioruisce
le haghaidh an aistir siar;

nuair a stopann Michael Furey
chun í a thabhairt amach
go dtí an teach dóite,

mothaíonn Suibhne
pian ghéar ina lár istigh,
seanphian nár bhraith sé le stáir
á phriocadh gan choinne

ní líonfadh an spéir
ná an fharraige go léir
an poll a bhraitheann
mo chailín donn
ag oscailt amach
ina croí maith mór

nuair a chíonn sí an baile
ag imeacht ar gcúl,
soir siar agus droim
ar ais sa scáthán

an domhan a chruthaíomar
dise agus di sin amháin
ag dul faoi ar chúl a cinn

14 *Michael Furey and the Brown Girl*

duskfall
and a brown girl
stands on the outskirts
of the village

a secondhand English dictionary
in the backpack beside her,
an apple and a bottle of spring water
for the journey west;

when Michael Furey stops
to take her out
to Burnt House

Sweeny feels
a sudden pain in his side,
an old wound that hasn't bothered him
for ages flaring up again;

      not the sky
      nor all the seven seas
      could fill the hole
      she feels
      gaping in her heart

      when she sees
      everything
      going backwards
      in the car mirror

      the world we created
      just for her going down
      in the back of her mind

ardaíonn binn cuirtín uaidh féin
in árasán na seanmhná rialta

is an cuairteoir ag dul thart
ar a slí abhaile ón saol seo;

tugann sí uaithi den míliú uair
a bhfuil aici le tabhairt:

imní ghéar a lámh,
beannacht chaoin a súl

15 *The Curtain*

the hem of a curtain lifts itself up
in the old nun's apartment

as the stranger passes
out of this world;

again, for the thousandth time
she gives everything she has:

the sharp anxiety of her hands,
the benediction of her eyes

[KA]

IV

Poetry –
but what sort of thing is poetry?
Many a shaky answer
has been given to this question.
But I do not know and do not know and hold on to it,
as to a saving banister.

WISŁAWA SZYMBORSKA

Luck

Sa *subway* fé bhun
Madison Square Garden
táim im aonar ar deireadh

dríodar na hoíche aréir
ag suathadh mo chuid fola
is mo chroí á ghreadadh féin:

dornálaí meata
ná cloífeadh mála páipéir.

Díreach is an glór miotail
ag fógairt go bhfuil an traein
ar tí imeachta

réabann fear gorm
tríd an doras
taobh thiar dom

ropann tríd an slua
is amach ceann eile
an chairr.

Tá póilíní anois
ar gach taobh dínn

gunnaí amuigh
is iad ag gabháil
tríd an gcarráiste

chomh ciúin
leis an té atá uathu.

Luck

Alone at last
on the subway
under Madison Square Garden

the dregs of last night
a commotion
in the blood

my heart flailing like a boxer
who can't punch his way out of a paper bag.

The tin voice
is announcing
our departure

when a black man
bursts through the door
behind me

shoves through
the crowd and out
the far end of the carriage.

Cops
are everywhere

guns cocked
moving
through the carriage

silent
as their target.

Ar éigin más fiú
le héinne
de na paisinéirí

bacaint
leis an dráma
leadránach marfach

atá feicthe acu
rómhinic cheana
ach tá mo shúile ar cipíní

is mo chroí
á léasadh féin
gan tlás.

Tá dán beag
le Langston Hughes
os cionn an dorais

is mé ar mo dhícheall
ag iarraidh é a léamh
chun mo chladhaire boilg
a chur chun suaimhnis:

>   *Sometimes a crumb falls*
>   *From the tables of joy...*

Anois nó riamh,
arsa mise liom fhéin:

léigh leat
go bhfeicfidh tú

an bhfuil freagra ar bith
ar an gceist a chuireann

The other passengers
can't really spare
a glance

to the dull
deadly
drama

they're so used to
but my eyes
are out on stalks

and my heart
beating itself
without mercy.

There's a small poem
above the door.
Langston Hughes.

I do my damnedest
to read it
to calm down
my faint heart.

> *Sometimes a crumb falls*
> *From the tables of joy...*

It's now or never
I tell myself:

keep reading
until you find out

is there an answer
to that one question

na neamhléitheoirí
neamhfhilíochta ort:

in ainm Dé,
nó cad sa foc
is fiú dán

i ngleann seo
gan trócaire
na ndeor?

Léigh leat, mar adúirt
an file Polainneach,
chomh mall

is dá mbeadh biachlár
á scagadh agat
in óstán galánta:

> Sometimes a crumb falls
> From the tables of joy
> Sometimes a bone
> Is flung.

Dúntar na doirse
is bogann an capall iarainn
le gíoscán srathair
sa tollán geimhreata
idir dhá dhoircheacht:

> To some people
> Love is given,
> To others
> Only heaven.

the non-readers
of non-poems always ask you:

What in the name of God,
what the fuck
is a poem worth

in this pitiless
vale
of tears?

Read slow,
the Polish poet said
as though

you were
sizing up the menu
in a posh restaurant.

> *Sometimes a crumb falls*
> *From the tables of joy*
> *Sometimes a bone*
> *Is flung.*

Doors close and the iron horse
strains at the yoke,
trundling all winter
between one darkness
and the next:

> *To some people*
> *Love is given,*
> *To others*
> *Only heaven.*

[KA]

Ar Oileán Bruny

(do Peter Hay & Richard Flanagan)

Bhí fíon ar bord is beoir,
caint bhlasta ar leabhair,
ar pholaitíocht is stair,
ar dhaoine nár thuigeamair,
na créatúir, nuair a tháinig scéal
go raibh athair fhear an tí
ag filleadh ar an gcré rua
as a dtáinig sé céad bliain
ó shin nach mór.

Níor rith sé le héinne paidir a rá
ach d'iompaigh an chaint ar bháid,
ar chairde a thiomáinfeadh
tré lár na hoíche dá mba ghá
go dtí an áit a raibh poll beag solais
ag oscailt arís idir anois is an infinid.

Chuimhníos ar scéal Orwell
faoin bhfear bocht ar a shlí
chun a chrochta, a thug léim bheag
i leataoibh ón bpluda
a chonaic sé idir é is an t-ardán
mar a raibh an crochadóir
is an sagart ag feitheamh.

Is rith sé leis an té a thuig
má thuig aon scríbhneoir riamh
cad ba bhrí le bheith traochta
snadhmtha le hocras moch ar maidin
ná creideann éinne a bhás féin
nó go n-osclaíonn an talamh roimhe,
go slogtar é sa scoilt idir ní agus neamhní.

Ar Oileán Bruny

(for Peter Hay & Richard Flanagan)

There was wine and beer on the table
and the talk was flying, about books
and politics and history, about people
we couldn't figure, God help them,
when we got word the father
of the man of the house
was about to return
to the red earth he came from
nearly a hundred years before.

No one thought to say a prayer.
but the talk turned to boats,
to friends who would gladly drive
through the night to the place
where a little trapdoor of light
was opening between now and eternity.

I remembered Orwell's story
about the misfortunate man
on his way to be hanged
who jumped over a puddle standing
between him and the gallows
where the hangman
and the priest were waiting.

And it occurred to the writer who understood
better than any other what it's actually like
to be wrung out, knotted with hunger at dawn,
that no one credits his own death
till the earth opens beneath him
as he falls through the slightest gap
between being and nothing.

Ní raibh Orwell ann nuair a crochadh
mo dhuine ach shiúil sé bonn ar bhonn
leis ina cheann, lámha ceangailte
laistiar dá dhrom, buataisí na bpóilíní
ag gíoscadh sa ghaineamh fliuch
ar gach taobh do, gur léim ina theannta
thar an bpoll atá romhainn go léir

gach duine atá ag siúl ina cheann
go dtí an áit a bhfuil a athair
i ngreim idir anois is an infinid,
ag guí go léimfidh sé
uair amháin eile
thar an uisce
sara mbeidh a chosa nite.

Orwell wasn't there when that man
was hanged but he walked with him
every step of the way, hands tied
behind his back, soldiers' boots
creaking in the wet sand on either side
as he skipped the filthy puddle
we all see before us

each of us walking in thought
to where his own father
is in two minds
between here and hereafter,
praying he'll step over
the foul water one last time
before his feet are finally bathed.

Garbhach, Inis Cara

(i.m. Seán Ó Ríordáin)

Níl citeal bán ná gé
ná tír na n-óg ar chúl an tí
ach aer úr an lae
ag doirteadh isteach
i bhfothrach do sheomra
ag líonadh a scamhóg loite
is beach bheannaithe
ag cuardach meala
san úllord seasc.

Deich dtroithe agus hocht n-orlach
leithead glan do sheomra
is leath an mhéid sin, adéarfainn,
nó beagán le cois, go dtí an doras cúil.

An mó uair a shiúil sí
ón gcúlchistin chluthar
go dtí tairseach fliuch
an ghalair agus thairis,
cneastacht seanaBhíobla
agus imní baintrí ina basa,
solas an bhóthair siar
ina súil thraochta?

Sa mheathsholas plúchta laistigh,
tá a marc fágtha ag na déagóirí gortaithe
nár tháinig le fada:

Don't fuck with me,
ar an bhfalla
sa bhforhalla.

Garbhach, Inis Cara

(i.m. Seán Ó Ríordáin)

No white kettle, no goose,
no Tír na nÓg behind the house,
just the chill air of day
spilling in to the ruin
of your room, filling
its damaged lungs
and a zealous bee
seeking honey
in the barren orchard.

Ten feet, eight inches,
the exact width of your room,
and half that again, I reckon,
or a little further to the back door.

How many times did she hurry
from the warm scullery
across the wet threshold
of your sickness,
the gentleness of an old bible
and the worries of a widow
in her hands, the perpetual light
of the road west in her tired eyes?

In the dim clotted light inside
hurt teenagers
who haven't been here for ages
have left their mark:

Don't fuck with me,
on the wall
in the hall.

Sex is a sin
ar an bplástar pinc.

    He broke my heart
    sa tsolas a shileann
    trí ghloine dhearg
    fhuinneog an dorais
    So I ripped out his.

Sa seomra tosaigh,
tá adhairt bhándearg
ar an leaba chóirithe,
mar a bheifí ag súil
le cuairteoir nár tháinig.

Comhartha cinnte, adeir S,
ná fuil an bás i bhfad ó láthair,
nuair a ghlanann an t-othar
a thigh ó bhun go barr

mar a dhéanfadh bean
an lá sara saolófaí a leanbh
ar eagla go dtiocfaí isteach
is í féin as baile, go bhfeicfí
seomraí aimhréidhe
a haigne trína chéile.

    Tá tú anso i gcónaí
    is tú as láthair, a Sheáin,
    ag cúléisteacht
    leis an saol,

    ag bailiú eolais
    i ngan fhios,
    ag breacadh nótaí
    sa leabhar cuntais
    a fuairis i siopa t'aintín:

Sex is a sin
on the pink plaster.

     He broke my heart
     in the light that seeps
     through the red glass
     of the front door window,
     So I ripped out his.

In the front room
there's a pink eiderdown
on the made-up bed
as if a visitor were expected
who never arrived.

It's a sure sign, says S,
that death is hanging around
when an invalid cleans his house
from top to bottom

as a woman might
the day before giving birth
in case someone comes in
while she's away
and sees the untidy rooms
of her disorderly mind.

     You're still here
     in your absence, Seán,
     eavesdropping
     on the world

     collecting info on the q.t.
     jotting it down
     in the ledger
     you found
     in your aunt's shop:

spiaire ina ionad faire,
ag cur tuairiscí ar aghaidh
chuig an údarás cuí:
an léitheoir sa todhchaí.

Is gearr, dar leat,
go mbeidh
dóthain fianaise aige
chun tú a chiontú.

a spy in his hidey-hole
sending reports back
to the appropriate authority:
the reader in posterity.

It won't be long now,
you imagine,
till he has enough evidence
to convict you.

[BJ]

Aesthetics

1

Ar bhord búistéara,
maraíonn Liam
na muca nach ngontar
le saigheadóireacht.

Dá mhéid a sciúrann sé
dromchla an bhoird gach oíche,
sníonn an fhuil síos amach
tré mhin sáibh na bhfocal.

Cuir do láimh
leis an dán san
atá teanntaithe aige
i ngarraí gabhann
an leathanaigh

is cloisfidh tú
screadaíl dhaonna
na muice, gnúsacht
duine ghonta id dhiaidh

is tú ag brostú leat
thar an seamlas dúnta.

2

Sa suíochán cúil
in airde staighre
ar an mbus deireanach

séideann Michael
fáinní toite
i bhfoirm focal
ar chúl bosca toitín.

Aesthetics

1

On a butcher's block
Liam slaughters
the pigs that arrows
can't hurt.

No matter how much
he scrubs the surface
by night, blood oozes out
through the sawdust of his words.

Put your hand
to the poem
he has penned
in the fold
of the page

and you'll hear
pigs squeal as humans do,
a wounded man
grunting behind you

as you hurry past
the shut-down shambles.

2

Upstairs
in the back seat
of the last bus

Michael blows
smoke-rings
in the shape of words
on the back of a cigarette pack.

Sa suíochán roimhe
tá fear deas
ag iarraidh leabhar
filíochta a léamh

gan aon toradh
a thabhairt
ar an ngramaisc
taobh thiar do.

Nuair a iompaíonn sé
an leathanach,
cloiseann sé
meáitseanna á lasadh

chomh hobann
le gunna á chocadh.

Tá sé dubh dorcha lasmuigh,
is tá scioból féir
ar thaobh amháin den mbus
agus stóras ola
ar an dtaobh eile.

Cuir uait an leabhar
forfocsaeic is labhair
le fear na meáitseanna.

3
Siúlann damhán alla
as brionglóid Nuala gach oíche

go bhfágann rian
a bhuataisí dúigh

In the seat ahead of him
a nice man
tries to read
a book of poems

ignoring
the messers
behind him.

When he turns
a page
he hears
matches struck

like guns
being cocked.

It's pitch black outside:
hayshed
one side of the bus;
oil tank
on the other.

Put away the book
forfocsaeic and talk
to the match man.

   3
Every night a spider steps out
from Nuala's dream

to leave the print
of inky boots

ar bhraitlíní glana an chóipleabhair
a chuir sí fén bpiliúr ina chomhair.

Nuair a léim a leabhar,
bíonn dán amháin i gcónaí ann
a chuireann codladh
na hoíche amú orm

pónaire fé hocht
dtocht leapan
in aigne banphrionsa

a fhágann basctha
traochta ar maidin mé

cé ná fuilim baineann.

4

Tá pár speisialta ag Biddy,
déanta de chraiceann ainmhí
ná feiceann éinne ach í fhéin.

Maireann Sí-Sé ar mhil neantóg
is ar uisce fiacal i ngairdín cúil a cinn.

Nuair a bheidh an dán curtha
de ghlanmheabhair agat

strac agus crap
an leathanach sara dtagann

slánaitheoirí na sibhialtachta
ag triall ort;

cuir siar id scornach é
láithreach bonn baill

on the clean sheets of the copybook
she leaves under the pillow for him.

When I read her book
there's always one poem
that robs me
of my sleep:

a pea under eight mattresses
in the mind
of a princess

that leaves me black and blue,
dead to the world next morning

though I'm no woman.

    4

Biddy has this special parchment
made from the skin of an animal
no one can see, save herself.

HeShe lives on nettle honey
and watering teeth in the back garden of her mind.

When you've learned
the poem by heart

rip and scrap the page
before the saviours

of civilisation
come for you.

Slug it down
right now

go mblaisfidh tú
rún marfach domharfa
an tsaoil mar a bhí

sara rabhais in aon chor ann,
mar a bheidh arís
céad bliain id dhiaidh.

5

Nuair is dóigh leat
gur ina chodladh atá,
go domhain san oíche
nó amach sa lá

bíonn Colm ag scríobh
lena sheanpheann tobair
ar an gcraiceann amh
ar chúl a dhá shúil.

Nuair a léann tú a dhán,
braitheann sé méara salacha
á mbá sa bhfeoil mhaoth.

Oiread agus osna,
ní ligeann sé.

and taste
the unkillable killer secret
of the world as it was

before you existed,
as it will be again
a hundred years after you.

5

When you think
he's sleeping
late at night
or later in the day

Colm is writing
with his old fountain pen
on the uncured skin
behind his eyes.

When you read his poem
he feels dirty fingers
dip in the soft flesh.

Not so much as a sigh
escapes him.

[BJ]

Mise agus an leabhar i gCafé na Beatha

I dare not go deeply into this book, for if I did,
I would stay with it forever and I wouldn't return...

JOHN BERGER

1

Ní féidir liom dul, ar seisean,
thar tairseach isteach sa leabhar sin.
Tá eagla orm go sáródh an tost
laistigh mé, go ndearmadfainn
greim an tsaoil seo
a cheansaíonn an cholainn dhána
le fíon, arán, agus tinneas.
Ach téirse isteach, ar sé,
is beadsa romhat
nuair a thiocfaidh tú amach.

2

Tá cailín chomh dea-dhéanta le cathaoir
ina suí ar an mbinse taobh liom
is solas an lae ag greadadh na fuinneoige
taobh thiar di; tá leithead na mara
is faobhar teanga strainséartha
eadrainn ar feadh na síoraíochta.
Ní hann dom in aon chor,
adeir a súil ghlé.

3

Ní hiad na focail ná an scéal
is mó a scanraíonn mé
ach aghaidheanna na bhfear laistigh
atá scoite agam chomh minic sin cheana,
súile dorcha a sheachnaíonn
frithchaitheamh an tsolais
ar fhallaí bána is ar leacacha sráide,
ar aghaidheanna na mban

126

Mise agus an leabhar i gCafé na Beatha

I dare not go deeply into this book, for if I did,
I would stay with it forever and I wouldn't return...

JOHN BERGER

1

I can't, he said, cross the threshold
and enter that book.
I'd be scared the silence
would take me in, that I'd forget
the grip of the world
that settles the defiant body
with wine and bread and pain.
But you go ahead, he says.
I'll be here
when you get out.

2

A girl, neatly turned as a chair,
sits on the bench beside me,
daylight knocking
on the window behind her.
The width of the sea
and the tip of a foreign tongue
lie between us for all eternity.
Her bright eyes tell me I don't exist.

3

It's not the words or the story
that scares me most
but the men inside the book,
those faces I've passed so often,
dark eyes rejecting
the reflection of light
on white wall and flagstone,
on the faces of women they hurt

127

a ghortaigh siad is ar aghaidheanna
na mban a ghortaigh iad.

4

Ar leathanach tríocha ceathair,
tá an fear a casadh orm
in aice an Perseverance Hotel;
thógfadh sé falla ard, ar sé,
idir mé is an gealt-teach
atá laistíos den ré leis na clocha go léir
a bhí cnuasaithe im mhuinchille stractha.

Ar leathanach caoga a dó,
tá mo dhuine a tháinig romham
ar Shráid Eglinton fadó,
a láimh chomh mór le hord
agus tairní a dhá shúil
á gcur tríom ag an tart.
Dúirt sé go léifeadh an spéir dom
dá dtabharfainn táille an bhus abhaile dó.

5

Tá teifeach mná ag friotháilt
ar na fir thanaí mórthimpeall orm
agus mise chomh tuathalach
le geansaí Árann ina measc;
tá eagla uirthi go mbainfidh
mo scáil mhístuama tuisle di
sara sroichfidh sí tearmann an chuntair.

Tá an babhla caifé
ag tabhairt mo dhúshláin
is ní thuigim aon fhocal
de chomhrá ard na ndaoine seo
atá chomh mór sin ag baile
i bhfad Éireann óna mbailte féin

and the faces of women
who hurt them.

4

He's there on page thirty four:
the man I met by the Perseverance Hotel.
He'd build a wall, he said,
between me and the madhouse
under the moon
from all the slingstones
stowed in my ragged sleeve.

He's there too, on page fifty-two:
the one who fronted me
on Eglinton Street long ago,
eyes like two nails driven by thirst
and sledgehammer hands
deep inside me.
He'd read the sky for me, he said,
if only I'd give him the bus fare home.

5

I'm as out of place as an Aran gansy
among the hipsters here:
the young asylum-seeker
who serves them is terrified
my clumsy shadow will trip her up
before she reaches
the sanctuary of the counter.

The bowl of coffee
is having none of it
and I don't get a single word
of the big talk of these people
who are so snug
so far from home

ar imeall cathaoireach
ar imeall na síoraíochta.

6

Dúnaim mo shúil is táid romham i gcónaí:
an taibhse fir a léann na fógraí báis
lá i ndiaidh lae i gcúinne den Corner House
le deimhniú nach bhfuil a ainm féin ina measc,
an buachaill caoch, comhaois lem mhac,
ar Shráid Mhic Curtáin, nár dhúisigh fós
ón scannán atá á chraoladh ag an deoch
ar scáileán leathan a chuid fola—

Baby, ar seisean, leis an nGarda mná
atá á ghreamú le falla fliuch an tí tábhairne,
just get your fucking hands off me, baby…
Siúlann siad tharam ina nduine is ina nduine,
slógadh na bhfear atá dom leanúint
ó thús mo shaoil, a súile dírithe ar sprioc éigin
nach léir dom os cionn mo ghualainne clé.

7

Tá cailín nach n-aithním
ina seasamh sa tsolas lag
idir mé is an doras amach,
peann dubh ina glaic
agus leamhas ceansa ina súil:

Can I help you? ar sise,
de ghlór chomh ciúin,
chomh caol nóscumaliom léi féin.

Más é do thoil é, adeirim,
mo lámha a síneadh amach agam
i dtreo na cneastachta seo gan choinne,
Más é do thoil é, a dhuine.

130

on the edge of a chair
on the brink of nothinglness.

6

I close my eyes and they're still there:
the ghostman checking the death notices
day after day in the Corner House
to make sure he's not there;
the boy, blind drunk on MacCurtain Street,
one age with my son, who hasn't woken yet
from the film projected by drink
on the cinemascope of his blood:

Baby, he says to the Garda woman
who is sticking him up
against the wet wall outside the pub,
just get your fucking hands off me, baby...
One by one, they file past me,
the muster of men who have followed me
from the day I was born, their eyes on some horizon
I can't see just there over my left shoulder.

7

A girl I don't recognise
is standing in the faint light
between me and the exit,
a black biro in her hand,
sweet boredom in her eyes.

Can I help you? she asks,
the voice as thin and soft as
couldn't-care-less as she is herself.

If you would, I say,
my arms reaching out
for this unexpected gift.
Please, Miss. Please.

[KA & BJ]

131

V

Macalla

Ar an seanabhóthar iarainn
idir Má Nuad is Baile Átha Cliath
tá fear ar a leathghlúin ag cnagadh
ar na bíomaí adhmaid a scarann

na ráillí go cothrom fan na slí.
Éisteann sé le freagra an chrainn
chomh cúramach le máinlia
a bhfuil croí fabhtach a iníne

á bhrath aige den gcéad uair
nó le bean ag doras árasáin
a bhfuil a croí ina béal aici
tréis na mblianta fada ar shiúl

ná cloiseann faic ach macalla
caol a doirn ag dul i léig
tré dhorchla fuar an lae.
Tá an t-iarnród dúnta le stáir

ach ní féidir an t-éisteoir
a scor go n-aimseoidh sé
an ball bog san adhmad cruaidh
sara gcuirfear an traein

nár tháinig is ná tiocfaidh
dá cúrsa díreach. Tá mo mhuinín
iomlán sa bhfear atá thíos
ar a leathghlúin ag éisteacht

le macalla láidir a dhoirn
ag imeacht roimhe tré phasáiste
tréigthe an todhchaí. Níl eadrainn
agus deireadh na líne ach é.

Echoes

On the old railway line
between Dublin and Maynooth,
there's a man down on one knee,
knocking on the sleepers

that keep the rails perfectly apart.
He listens to the tree's response
as intently as a surgeon who has heard
the murmur in his daughter's heart

for the first time, or a woman
with her heart in her mouth
at the door of an apartment
after years and years away

who hears nothing but the echo
of her knock retreating through the cold corridor
of today. The railway line has been closed
for what seems like forever

but the listener will not be relieved
till he finds the soft spot
in the hard wood before the train
that has not yet arrived

and never will is derailed.
My faith is undiminished
in the careful stranger
down on one knee listening

to the confident echo of his fist
as it moves before him
through the deserted halls of the future.
He is all there is between us and the end of the line.

Pluaiseanna

1

D'fhágadar a mbróga
ina ndiaidh, na cailíní,
sara gcuadar isteach sa tollán
fé bhun an droichid

a gcuid gáirí múchta
ag búirthíl an uisce
is sinne ag fógairt orthu
gan dul rófhada uainn

sa doircheacht. Chasadar
is bheannaigh dúinn
sara n-imíodar:
spásmhairnéalaigh
ag triall ar an ngealaigh.

Bhí an ghrian ag dul faoi
nuair a thángamar orthu sa bhforaois,
stocaí fliucha ina lámha stractha,
imní agus iontas ag comhrac ina n-éadain.

Ní fhéadfaidis a rá linn,
cá rabhadar, adúradar.
Dá mbeadh a fhios acu féin,
ná déarfaidis linn é?

2

I lár an lae ghil,
d'imigh an buachaill
isteach sa phluais
ina lár féin istigh.

Caverns

1

The girls left their runners
behind them
before entering the tunnel
below the bridge

their laughter muffled
by the bellowing water
as we roared at them
not to go too far away

from us in the dark.
They turned and waved
before they left:
astronauts
on their way to the moon.

The sun was going down
when we found them in the forest,
socks soaking in their torn hands,
wonder and worry crossing their foreheads.

They couldn't say
where they'd been, they said.
If they knew themselves,
we'd be the first to know.

2

In the middle of the bright day,
the boy
entered the cave
deep inside himself.

Níl a fhios aige anois
an bhfuil sé ag teacht
nó ag imeacht,
an bhfuil an solas
lastuas nó laistíos do

is é ar a chromaide
sa pholl íseal
arb é féin é, pianta
i ngach alt
óna bharraicíní aníos
go dtí cnámha a chluas.

Ní airíonn sé an slua
ag glaoch ar ais air
is é ag dul níos sia
isteach san uaimh

le gach cor dá cholainn
ag lorg fothana nach ann do.

Ní féidir leis codailt
ná éirí amach ón bpoll.

   3

Ach bhí fear ón áit seo tráth
a chuaigh isteach
i mbroinn na talún,
a d'fhan san uaigh ársa
go raibh a dhóchas caite
is a chnámha leata.

Nuair a tháinig ribín
solais ag lámhacán
droim ar ais
agus bun os cionn
thar an urlár salach

He no longer knows
if he's coming
or going,
is the light above
or below him

as he crouches
on his haunches
in the cramped hole
of himself,
hurt everywhere
from his toes to his eardrums.

He can't hear us
calling him back
as he goes further
into the cave

with every twist of his body
searching for shelter that isn't there.

He can't sleep
or climb back out.

3

But there was a man
from here one time who entered
the womb of the earth
and stayed in the ancient tomb
till all hope was gone
and his bones perished.

Till a ribbon of light
came crawling
back to front
and upside down
across the filthy floor

líon an poll cúng
le mórtas leanbaí na gréine
á tharraingt amach
balbh le buíochas
go dtí paibhilliúin an lae
is flaitheas ciúin na maidne.

4

Dá fhaid a raghaidh tú uainn
sa doircheacht neoiliteach,
a dheartháir, deimhnín duit
go n-éiríonn an ghrian orainn

ainneoin gach ainneoin,
go n-aimseoidh sí tusa fós,
go dtarraingeoidh ar ais tú
go dtí an áit a bhfuil an saol

is a athair ag feitheamh leat –
an spásmhairnéalach deireanach
a chuaigh ar an ngealaigh
                              is a d'fhill.

filling the narrow chamber
with the childish delight of the sun
dragging him back,
speechless with gratitude,
to the pavilions of day,
the quiet sovereignty of morning.

    4

No matter how far you go
into the neolithic dark, brother,
the sun keeps rising on us
always and forever.

She'll find you too
in the end and bring you home
to where the world
and its father

is waiting for you –
the last astronaut
who went to the moon
      and then came back.

Ar cuairt

Tá sí socair anois,
a croí ag dul chun suaimhnis
faoi chúram dian an chloig.

Mar mhaithe le caint,
is gan faic le rá:
deir Frank Kermode (adeirim)
gurb é tús na filíochta é,
an tost dofhulaingthe
idir tic agus tac,
sea is ní hea na síoraíochta,
a líontar le sceon
is le dóchas baoth an duine.

Níor chuala sí riamh caint air.

Is breá léi, adeir sí, comhluadar
an tseanchloig sa chistin
a roinneadh a chuid foighne
lena croí taghdach,
fuaim ann as is ann arís
á tionlacan ar aghaidh
go dtí an lá amárach
is an lá ina dhiaidh sin
ná tiocfaidh choíche
(le cúnamh Dé, a déarfadh sí
dá gcloisfeadh sí anois mé).

Tá codladh uirthi,
ainneoinn a díchill chúirtéise.

Os cionn na leapan,
tá cúpla Siamach an ama

Visiting hour

She's comfortable now,
her heart settling down
under the clock's intensive care.

For the sake of something to say
when there's nothing to be said,
I say 'Frank Kermode claims
that poetry begins
in the unbearable silence
between tick and tock,
the yes and no of eternity
filled with fear
and foolish human hope.'

She never heard of him.

She loves the company
of the old kitchen clock, she says.
It taught her fitful heart
something about patience:
the on and off and on again of it
willing her on
to the next morning
and the one after it
that will never dawn
(please God, she'd say
if she could hear me now).

For all her manners,
she can't help yawning.

Above her bed
the Siamese twins of time

i ngleic gan sos,
lámha an chloig
á bhfáisceadh le chéile
dá mbuíochas.

Sea, adeir sí,
Tá sé in am agatsa ceiliúradh.

Ní hea, adeirim,
is nach fada anois leat
go mbeidh tú leat féin?

Sea, ar sise,
sciatháin a dhá súil
ag cleitearnach le tuirse.

Is ea.

are forever wrestling,
the hands of the clock
locked together
like it or not.

Yes, she says,
it's time you were gone.

No, it's not, I say.
Aren't you dying
to be on your own?

Her eyes are wings
barely fluttering.
Yes, she says.

Yes, I am.

Rósanna

Fuaireas amach ar ball
gur crann fearna a bhí ann,
an 'rós fiáin'
adúirt do dhlúthchara

a chur ar aghaidh an tí
go bhfeicfeá
na bláthanna fola
ón seomra suí
le linn na bhfógraí TV.

Chaitheas na géaga
a ghearradh siar
go dtí an cnámh
nó ní fheicfimis
an ghrian tráthnóna

a choiléar aníos
in aghaidh an duifin,
leisce an domhain air
dul abhaile go fóill.

Tá an crann
chomh seang
leis an té
a thug duit é
sarar phréamhaigh
ailse ina cré thanaí.

Dá mhéid a ghearrabhair,
tú fhéin is an ghaoth aniar
ní fhéadfaí na rútaí
a scoitheadh.

146

Roses

We found out later
it was an alder,
the 'wild rose'
your good friend told you
to plant out the front

so you could see
it bloom, bloodred,
from the sitting room
during the TV ads.

I had to cut
the limbs right back
to the bone
so we could see
the evening sun

collar up
against the dark,
reluctant to go home
just yet.

The tree is still
as slender as the one
who gave it to you
before cancer
took root
in her meagre earth.

No matter how you cut,
you and the west wind,
the roots could not
be kept back.

Tá poll im dhrom, adúirt sí,
is ní féidir a líonadh,
an oíche a shíothlaigh sí
id bhaclainn.

Ísligh an teilifís anocht
is cloisfidh tú an ghaoth
ag cíoradh ghruaig
scáinte an chrainn

duilliúr chomh mín
leis an rós fiáin
a chuir préamhacha síos
chomh doimhin

i gcré dhubh do chroíse
nach féidir iad a bhaint
go mbainfear tú fhéin
        den dtalamh.

There's a hole in my back,
she said, that can't be filled,
before she slipped
that night from your arms.

Turn down the TV tonight
and you'll hear
a breeze combing
the thin hair of the alder

leaves as soft
as the wild rose
that put down roots
so deep

in the rich loam of your heart,
she'll never be uprooted
until you are ripped
          from this earth.

Téada

Nuair a d'imigh na páistí, duine ar dhuine,
chaith sí amach na héadaí linbh,
na málaí scoile is na bróga peile,
an driosúr adhmaid mar a gcuirtí áraistí
ná raibh maith a ndóthain do strainséirí
is bhogadar, é féin is í féin, go dtí an seomra suí
fé mar gur chuairteoirí feasta iad sa bhaile.

Nuair a tháinig Mr Roycroft
chun an piano a chur i ngléas
tréis na mí-úsáide go léir
thosnaigh sé ag canadh fonn álainn
ba leathchuimhin léi á rá ag a máthair
nó ag aintín a chaith seal i Sasana.

Chuir guth briste an tseanduine
na sreanganna ag crith
mar a bheadh cruit
ar chúl falla i gcaisleán
á seimint chomh mín
ná dúiseofaí leanbh
ach go gcloisfeadh iníon an rí
an ceol sin fé bhun a taibhrimh feasta,
ná féadfadh sí codailt á cheal.

Nuair a thagann a clann ar cuairt,
tosnaíonn siad ag magadh
fé na nósa galánta
nár chleacht sí cheana,
na háraistí nua is an ceol uasal
ná raibh suim aici riamh ann
cé gur chuir sí iachall orthu
cloí leis na ranganna ceoil

Strings

When the children left, one after the other,
she got rid of the baby clothes,
the schoolbags, the football boots,
the wooden dresser where she kept dishes
not good enough for guests,
then moved herself and himself to the sitting room,
visitors now in their own home.

When Mr Roycroft came
to tune the piano
after all the abuse and disuse
he started to sing a sweet song
she half-remembered her mother singing
or an aunt who went to England for a while.

The old man's broken voice
had the strings stirring
like a harp
behind a castle wall
playing so soft
it wouldn't wake a baby
though the king's daughter would hear
the same tune under her dream forever
and could never again sleep without it.

When the children visit,
they make fun
of the airs and graces
she never had before,
the crockery, the posh music
she'd never liked
though she insisted
they stick to their piano lessons

nuair ba léir gur méara adhmaid
a bhí ar gach mac máthar díobh.

Is fada léi go bhfágfaidh na strainséirí,
go gcuirfidh sí an gramafón
i bhfothrach a cuimhne ar siúl,
go gcloisfidh sí féin is a prionsa fir
an fonn a chuala sí fadó fadó ar maidin.
Chodlódh sí ag éisteacht leis go brách.

when every mother's son of them
was all thumbs and wooden fingers.

She can't wait for the strangers to go
so she can switch on the gramophone
in the ruins of her mind,
so she and her prince can hear again
the song she heard so long long ago.
Listening to it, she could sleep forever.

Paidir Ameiriceánach

Oíche Nollag, Nua Eabhrac

Tá an fuarán tirim sa pháirc is sioc ar an bhféar mar a gcodlaíodh
daoine gan dídean nó gur leath sneachta geanmnaí a bhrat marfach ina n-áit.
Tá sé rófhuar do mhangairí drugaí, caife, *hot dogs is soda*, do mhadraí lathaí
is imreoirí fichille, don mbean óg a dhíolfadh do gháire féin ar ais leat,
d'fhear buí na gcolúr a choimeádadh súil liopaird ar an seabhac a chaith
an samhradh ar fad ag faire ar a chairde beaga fiche urlár fé bhun a chrág.

Tá Shauna the Psychic ar saoire i gCosta Rica, traochta ag dóchas a tréada.
Tá sí scanraithe go gcuirfear an dlí uirthi ó nár éirigh léi a cantam féin d'áthas
an tsaoil a roinnt leo ach tá an eaglais fós ar oscailt, coinnle geala ar lasadh
os comhair na haltóra mar a bheadh doirne á mbagairt ag sochraid laoich
agus Felix, an sacraisteach maon, ar tí iad a mhúchadh.

Tá aonarán nó dhó ag crochadh thart sa siopa leabhar athláimhe is baintreach óg
sa phictiúrlann béal dorais ag déanamh iontais nár tháinig na deora léi mar is cóir
ag deireadh seanscannáin dubh agus bán. Sa siopa ceoil, tá uirlisí ag guí
go mbeidh sos acu anocht ó shuirí thuathalach na gaoithe is a holagón síoraí.

San uisceadán gloine san ollmhargadh dúnta, tá boilgíní aeir á gcraoladh
ag na gliomaigh réamhstairiúla: balúin chainte i sean-bheochan Seicslóvach.
Tá tuirse chomh trom leis an bhfarraige ar an bhfear faire gorm, solas an dá fhón phóca
ag glioscarnach mar a bheadh crann nollag scitsifréineach ina shúil mhaoth.

Ar an dtraein deireanach ón gcathair amach, tá na himircigh ag brionglóid
faoin mbaile nuair a thagann Mr Bojangles is a thriúr compánach ainglí ar bord:
hello new york, ar sé, gléas allais ar a bhlaosc gorm is snas dá réir ar a bhróga
donna: tough crowd, Miss Temple, TOUGH crowd. Lasann aoibh leanbaí a bhéal
mantach nuair a chíonn peiriúc george washington ag dul isteach ina phúits pháipéir:
well ah WON'T be Uh-FRAID…

Dún do dhá shúil láithreach bonn baill, a dhuine, go líonfaidh grá fiar
don uile chréatúr geancach uair amháin eile tú, go mbeidh tú chomh trócaireach
éidreorach le dia a leigheasfadh gach pian, gach briseadh croí dá mb'fhéidir…

American prayer

Christmas Eve, New York

The park fountain is dry and the grass frosted over where the homeless slept
till a deadly blanket of pure white snow covered all their places. It's too cold
for dealers in drugs, coffee, hot dogs & soda; for lap dogs & chess players;
for the girl who'd sell you your own smile for a dollar; for the lynx-eyed yellow
pigeon man who kept a lookout for the hawk that spent all summer long
stalking his little friends fifty floors beneath its claws.

Shauna the Psychic is vacationing in Costa Rica, worn out by her flock's expectations,
petrified they'll sue her for failing to share her own happiness with them.
But the church is still open, candles flickering before the altar like brandished fists
at a legend's burial and Felix the mute sacristan about to snuff them out.

A few loners are hanging out at the second-hand bookshop. At the cinema next door
a young widow is surprised she has no tears left at the end of an old
black and white film. In the music shop, the strings pray for a break tonight
from the awkward fumbling of the wind, its endless keen.

In a glass tank in the closed hypermarket, prehistoric lobsters broadcast
bubbles of air like speech balloons in an old Czechslovakian cartoon.
The black watchman is as tired as the ocean. In his exhausted eyes
the lights of two mobiles blink like a schizo Christmas tree.

On the last subway from the city, the illegals are dreaming of home
when Mr Bojangles and his angel guardians three get on board.
HellO new yOrk, he says, shining sweat on his black face bright as the gleam
on his polished brown shoes: tough crowd, Miss Temple, TOUGH crowd.
A smile of childish pleasure lights his gapped mouth when he sees the head
on a george washington drop into his paper purse: well ah WON'T be Uh-fraid…

Shut your eyes now, right now, child, and let crooked love
for every crooked creature fill you, till you become merciful and helpless
as a god who would heal every hurt, every broken heart if only…

[KA]

155

NOTAI | NOTES

8: Billy Collins's 'Poem to the First Generation of People to Exist after the Death of the English Language' is from his collection *The Rain in Portugal* (2016).

12: Norman MacCaig's poem 'Visiting Hour' is included in *The Poems of Norman MacCaig* (2005).

38: The epigraph is from John Berryman's 'Slattery's, in Ballsbridge', *His Toy, His Dream, His Rest* (1969).

46: The epigraph is from Sylvia Plath's 'You're', *Ariel* (1966).

52: 'Adapted from the German of Rainer Maria Rilke' is included in *Selected Poems of Hugh MacDiarmid* (1944).

54: 'Deichtine' was the mother of Cúchulainn.

101: Joanna Trezeciak's English translation of Wisława Szymborska's poem 'Some Like Poetry' is from *Miracle Fair: Selected Poems of Wisława Szymborska* (2001). The poem was included in Szymborska's 1993 collection *Koniec i początek*.

104: Langston Hughes's poem 'Luck' is included in *The Collected Poems of Langston Hughes* (1994).

112: 'Garbhach, Inis Cara', just outside the city of Cork, is where the poet Seán Ó Ríordáin lived.

118: The poets mentioned are Liam Ó Muirthile, Michael Davitt, Nuala Ní Dhomhnaill, Biddy Jenkinson and Colm Breathnach.

126: The epigraph is from John Berger's preface to *I Could Read the Sky* (1997) by Timothy O'Grady and Steve Pyke.